Ingrid
Wurst

Eine runde Sache

Runde Faltbilder aus Tonpapier

frechverlag

Krokodile

(Abbildung Seite 1)

- *Tonpapier in Grün, Weiß und Rot*
- *16 Wackelaugen, Ø 0,8 cm*
- *Zackenschere*
- *Filzstift in Dunkelgrün*

Ø des Grundkreises: 39 cm

Zeichnen Sie auf die Krokodilkörper die grünen Zackenlinien. Das Maulinnere wird aus weißem Tonpapier geschnitten und entlang der gestrichelten Linie geknickt. Das zweite Maulinnere wird aus rotem Tonpapier mit einer Zackenschere geschnitten und ebenfalls entlang der gestrichelten Linie gefaltet. Kleben Sie das rote Maulteil ins weiße Maulteil und befestigen Sie dieses auf dem Körper. Nun wird der grüne Oberkiefer mit den aufgemalten Nasenöffnungen aufgeklebt. Die Tonpapieraugen werden dabei nach vorne gefaltet. Zuletzt fixieren Sie die Wackelaugen darauf.

Eierkranz aus Regenbogen-Tonpapier

(Abbildung Seite 3)

- *Regenbogen-Tonpapier*
- *Satinband in Blau, 0,3 cm breit, ca. 2,20 m lang*

Ø des Grundkreises: 28 cm

Bekleben Sie die Zwischenräume der Eier jeweils mit einem 5,5 cm langen Satinband, dessen Enden nach hinten umgeschlagen und angeklebt werden. Darauf wird je eine Schleife (je 16 cm lang) fixiert. Vier Schleifen werden nach rechts, vier Schleifen nach links geklebt.

Ich danke der Firma Marpa Jansen, Mönchengladbach, für die Bereitstellung des Vario-Tonpapiers.

Fotos: frechverlag GmbH + Co. Druck KG, 70499 Stuttgart;
Fotostudio Ullrich & Co., Renningen

Dieses Buch enthält: 1 Vorlagenbogen

Auflage	5.	4.	3.	2.	1.	Letzte Zahlen
Jahr	2003	2002	2001	2000	1999	maßgebend

frechverlag GmbH + Co. Druck KG, 70499 Stuttgart

ISBN 3-7724-2570-4 · Best.-Nr. 2570

Druck: frechverlag GmbH + Co. Druck KG, 70499 Stuttgart

Hier geht's rund mit Faltbildern aus Tonpapier! Die Herstellung ist ganz einfach und kann gut von Kindern übernommen werden: Ein Tonpapierkreis wird mehrmals gefaltet, das Motiv wird vom Vorlagenbogen übertragen und nur einmal ausgeschnitten.

Nach dem Entfalten hat man dann mehrere gleiche Motive, die als Kranz aneinanderhängen und die Sie mit Tonkartonteilen, Wackelaugen, Bändern und Perlen ausschmücken können.

Die Ideen reichen von Frühjahr und Ostern bis hin zum Sommer. Eier- und Blütenkränzchen, Hasen, Schmetterlinge, Erdbeeren, Frösche, Seepferdchen, Segelschiffe und vieles mehr werden die Räume Ihrer Wohnung verschönern. Viele Modelle sind sehr einfach und kinderleicht nachzubasteln, einige Motive sind etwas aufwendiger, aber dafür dekorativer.

Runde Faltbilder bringen Farbe in Ihre Wohnung, sei es als Fensterschmuck, an der Wand oder am Schrank. Sie sind genauso gut liegend als Tischdekoration geeignet. Einfach eine runde Sache!

Ich wünsche Ihnen viel Spaß beim Basteln!

Ingrid Wurst

Arbeitsmaterial und Werkzeug

- *Bleistift*
- *Filzstift in Schwarz*
- *Hybridroller in Weiß oder Lackmalstift in Weiß*
- *Radiergummi*
- *Mittelgroße Schere*
- *Silhouettenschere*
- *Nagelschere*
- *Transparentpapier*
- *Dünne Pappe*
- *Klebstoff, z. B. UHU Alleskleber*
- *Zirkel*
- *Büroklammern*
- *Locher*
- *Tacker*
- *Klebefilm*

Beachten Sie auch die Materialangaben bei den einzelnen Motiven.

Tonpapier

Verwenden Sie für die Grundkreise der Faltbilder unbedingt Tonpapier (130g/m²).
Vario-Tonpapier (130g/m²) ist in vielen Farben und in verschiedenen Mustern erhältlich. Jeder Bogen ist beidseitig mit unterschiedlichen Farben und Mustern bedruckt.

Anfertigen einer Schablone

Für die Accessoires aus Tonpapier oder Tonkarton ist es sinnvoll Schablonen anzufertigen, da Sie diese Teile mehrfach benötigen.

Legen Sie das Transparentpapier auf das ausgewählte Motiv auf dem Vorlagenbogen. Mit einem Bleistift übertragen Sie die Einzelteile ohne Überschneidungen.

Kleben Sie das bemalte Transparentpapier auf eine dünne Pappe und schneiden Sie die Form aus. Die Schablone ist fertig.

So entsteht ein Faltbild

Die Ausgangsform für alle Faltbilder ist ein Kreis, den Sie mit einem Zirkel auf Tonpapier zeichnen und dann ausschneiden. Beachten Sie den bei jeder Anleitung angegebenen Durchmesser der einzelnen Modelle.

1. Den Tonpapierkreis waagrecht, senkrecht, zweimal diagonal falten und wieder entfalten. Dadurch lässt sich das Papier später besser falten.

2. Die untere Seite nach oben falten und danach die rechte Kante nach links knicken.

3. Die untere, oben liegende Kante nach rechts oben falten, danach wenden.

4. Die untere Kante nach links oben falten. Die Grundform für das Faltbild ist fertig.

5. Das Grundmotiv mit einem weichen Bleistift vom Vorlagenbogen auf Transparentpapier abpausen und dieses ganz exakt mit der bemalten Seite nach unten auf die gefaltete Grundform legen. Dabei müssen die durchgezogenen, geraden Linien des Motivs mit den seitlichen Faltkanten der Grundform abschließen. Mit einigen Klebestreifen Transparentpapier außerhalb des Motivs auf dem Tonpapier befestigen. Anstelle des Transparentpapiers können Sie auch eine Pappschablone (siehe Seite 4) verwenden. Mit einem spitzen Bleistift die Konturen des Motivs nochmals nachziehen. Dadurch werden die Linien auf das Tonpapier durchgedrückt

6. Das Transparentpapier entfernen. Die Grundform mit einigen Tackerklammern zusammenhalten und das Motiv (gepunktete Linien auf dem Vorlagenbogen) mit einer Silhouettenschere, Rundungen mit einer Nagelschere ausschneiden. Damit nichts verrutschen kann, sichern Sie die bereits ausgeschnittenen Teile mit einigen Büroklammern. Die Faltarbeit öffnen und kleine Unebenheiten etwas nachschneiden.

Zuletzt wird das Faltbild wie auf dem jeweiligen Foto mit den dafür benötigten Tonpapier- oder Tonkartonteilen beklebt. Beachten Sie dabei, dass jede zweite Figur seitenverkehrt ist. Mithilfe des komplett abgepausten Motivs auf dem Transparentpapier können Sie die Augen, Trennlinien usw. auf jeder Figur mit Bleistift vorzeichnen. Bei Figuren, die Sie als Fensterschmuck verwenden, bekleben Sie die Rückseite des Faltbilds deckungsgleich mit den benötigten Tonpapier- oder Tonkartonteilen.

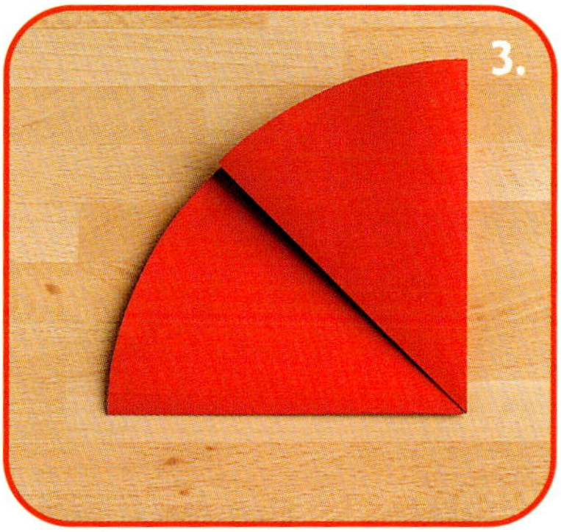

Ø des Grundkreises: 38 cm

Hühner

- *Tonpapier in Weiß*
- *Tonkarton in Rot und Gelb*

Zeichnen Sie die Trennlinien (durchgezogene Linie) zwischen Körper und Flügel auf. Alle Hühner erhalten ihre Augen, wobei Sie die Lichtpunkte mit einem weißen Hybridroller aufmalen. Fixieren Sie den Kamm, den bemalten Schnabel und den Kehllappen von vorne, die Füße von der Rückseite.

Hasen

- *Tonpapier in Braun*
- *Vario-Tonpapier in Rot und Blau mit kleinen weißen Punkten*
- *Tonkarton in Dunkelbraun, Orange und Grün*
- *Buntstift in Rot*

Zeichnen Sie jedem Hasen sein Gesicht mit dem Filzstift und die roten Wangen mit einem Buntstift auf. Die Innenohren (durchgezogene Linie) und die gepunkteten Halstücher werden aufgeklebt. Jeweils zwei Hasen halten eine zweiteilige Karotte.

Heute ist Schlüpftag!

- *Tonpapier in Weiß*
- *Tonkarton in Gelb und Orange*

Zeichnen Sie die durchgezogenen Linien der Eier auf (siehe Vorlagenbogen). Die Entchen erhalten ihre Schnäbel mit den Nasenöffnungen und dem aufgemalten Mund sowie beide Augen. Vier Entchen werden von vorne in das Ei gesetzt. Die unteren vier Entchen mit den aufgeklebten Füßen werden ebenfalls auf die Eierschale, die als Hut dient, gesetzt.
Eine Variante erhalten Sie, indem Sie acht Entchen in die Eier setzen.

Lustige Vögel

- *Tonpapier in Pink*
- *Tonkarton in Blau, Gelb und Weiß*

Zeichnen Sie die Trennlinien (durchgezogene Linien) zwischen Körper und Flügel auf. Die sitzenden Vögel erhalten ihre Füße, die fliegenden Vögel je einen Schwanz.
Bevor Sie die Augen aus weißem Tonkarton schneiden, wird der Außenrand mit einem schwarzen Stift nachgezogen. Für die Lichtpunkte verwenden Sie einen weißen Hybridroller. Fixieren Sie nun die Schnäbel, die Augen und die blauen Federteile. Achten Sie darauf, dass Sie den Schnabel und das Federteil jeweils so aufkleben, dass der Vogel in eine Richtung schaut.

Blüten in Blau-Weiß

- *Tonpapier in Blau und Weiß*

Befestigen Sie in der Mitte jeder Blüte einen Tonpapierkreis in der entsprechenden Farbe.

Ø des Grundkreises: 30 cm

Osterwiese

- *Tonpapier in Grün, Rot, Blau und Gelb*

Fixieren Sie die Tulpen und Knospen an den Stielen und schmücken Sie die Wiese mit bunten Eiern.

Eierkranz mit Hasen

- *Tonpapier in Rot, Weiß und Blau*
- *Vario-Tonpapier in Blau-Weiß gepunktet*
- *Tonkarton in Hellbraun*

Befestigen Sie zwischen jedem Ei eine zweiteilige Schleife. Das Gesicht des Hasen und alle gepunkteten Linien (siehe Vorlagenbogen) werden aufgezeichnet. Bevor Sie die Augen aus weißem Tonpapier ausschneiden, wird der Außenrand mit einem schwarzen Stift nachgezogen. Für die Lichtpunkte in den Augen und für die Zähne verwenden Sie zusätzlich einen Hybridroller in Weiß. Nun fixieren Sie den Hasenkopf mit den beiden Pfoten wie auf dem Foto.

Vogelnest im Blütenzweig

- *Tonpapier in Hellgrün und Weiß*
- *Markierungspunkte in Gelb, Ø 0,7 cm*
- *Tonkarton in Dunkelgrün, Hellrot und Gelb*

Ziehen Sie alle schwarzen Linien der Vogelmutter mit einem Tuschestift nach, malen Sie das Auge auf und befestigen Sie den Schnabel. Die beiden Teile des Wurms werden einmal von vorne und einmal von hinten fixiert. Befestigen Sie die Vogelmutter mit dem Schwanz und dem hinteren Flügel an den Blättern. Die Vogelkinder erhalten ihre aufgemalten Augen und die Nasenlöcher und werden ins Nest gesetzt. Die weißen Stellen in den Augen werden mit einem weißen Hybridroller aufgemalt. Erst jetzt kleben Sie die Schnäbel, die in der Mitte geknickt werden, am Kopf und am Nest fest. Zuletzt schmücken Sie den Zweig mit kleinen weißen Blüten aus. Die Blütenmitten bestehen aus gelben Markierungspunkten.

Ø des Grundkreises: 38 cm

Osterlämmchen

- *Tonpapier in Weiß, Grün, Rosa und Gelb*
- *Filzstift in Braun und Rot*

Kleben Sie die Gesichter der Lämmchen auf. Die Hufe werden mit einem Filzstift in Braun bemalt. Nun fixieren Sie die Lämmchen auf der Wiese. Die Blüten werden mit einem Locher aus gelbem Tonpapier ausgestanzt. Zuletzt zeichnen Sie mit einem Filzstift in Rot die Blütenmitte auf.

Eierkränze

Eierkranz in Blau-Gelb:
- *Tonpapier in Blau*
- *Tonkarton in Gelb*
- *Vario-Tonpapier in Gelb mit blauen Punkten*
- *Satinband in Blau, 0,3 cm breit, 32 cm lang*

Ø des Grundkreises: 32 cm

Auf die Zwischenräume der Eier kleben Sie jeweils eine zweiteilige Blüte. Von vorne wird das Satinband (18 cm und 14 cm lang) mit den beiden Blüten fixiert. Zuletzt befestigen Sie die zweiteilige Schleife.

Eierkranz in Weiß-Rot:

- *Vario-Tonpapier in Weiß mit roten Punkten*
- *Tonkarton in Rot*
- *Satinband in Weiß, 0,3 cm breit, 60 cm lang*
- *8 Holzperlen in Rot, Ø 0,7 cm*
- *4 Holzperlen in Rot, Ø 1,5 cm*

Stanzen Sie an einer beliebigen Stelle des Eierkranzes in eines der Zwischenteile mit der Lochzange ein Loch, durch das Sie die beiden Satinbänder (je 30 cm lang) bis zur Bandmitte ziehen und mit Klebstoff befestigen. Auf jedem Zwischenteil wird ein Tonkartonkreis in Rot befestigt. Bringen Sie die dreiteilige Schleife an. Zuletzt fädeln Sie je zwei kleine und eine große Holzperle auf die Bandenden.

Marienkäfer

- *Vario-Tonpapier in Rot mit schwarzen Punkten*
- *Tonpapier in Schwarz und Weiß*
- *Tonkarton in Hautfarben, Rot und Gelb*
- *Moon Rock-Papier in Gelb*
- *Buntstift in Rot*

Blüte:
Auf die Blüte wird beidseitig je ein Innenkreis aus gelbem Moon Rock-Papier (Ø 16 cm) fixiert.

Ø des Körperkreises aus schwarzem Tonpapier: 37 cm
Ø des Flügelkreises aus Vario-Tonpapier: 29 cm
Ø des Blütenkreises aus weißem Tonpapier: 39 cm

Marienkäfer:

Auf das Körperteil aus schwarzem Tonpapier werden die Flügel aus Vario-Tonpapier geklebt. Die Vorderseiten der Marienkäfer erhalten mit schwarzem Filzstift ihre Gesichter, wobei die roten Bäckchen mit einem Buntstift aufgemalt werden. Bringen Sie pro Käfer eine zweiteilige Fliege an. Die Kreise für die Fliege werden mit einem Locher ausgestanzt. Zuletzt befestigen Sie die Marienkäfer so auf der Blüte, dass zwischen zwei Blütenblättern immer ein Marienkäfer herausschaut.

Ø des Grundkreises beider Schmetterlinge: 39 cm

Schmetterlinge

Schmetterling in Grün-Rot:

- *Vario-Tonpapier in Rot mit weißen Pünktchen*
- *Tonkarton in Grün*

Alle Schmetterlinge erhalten einen grünen Tonkartonkörper, der aufgeklebt wird.

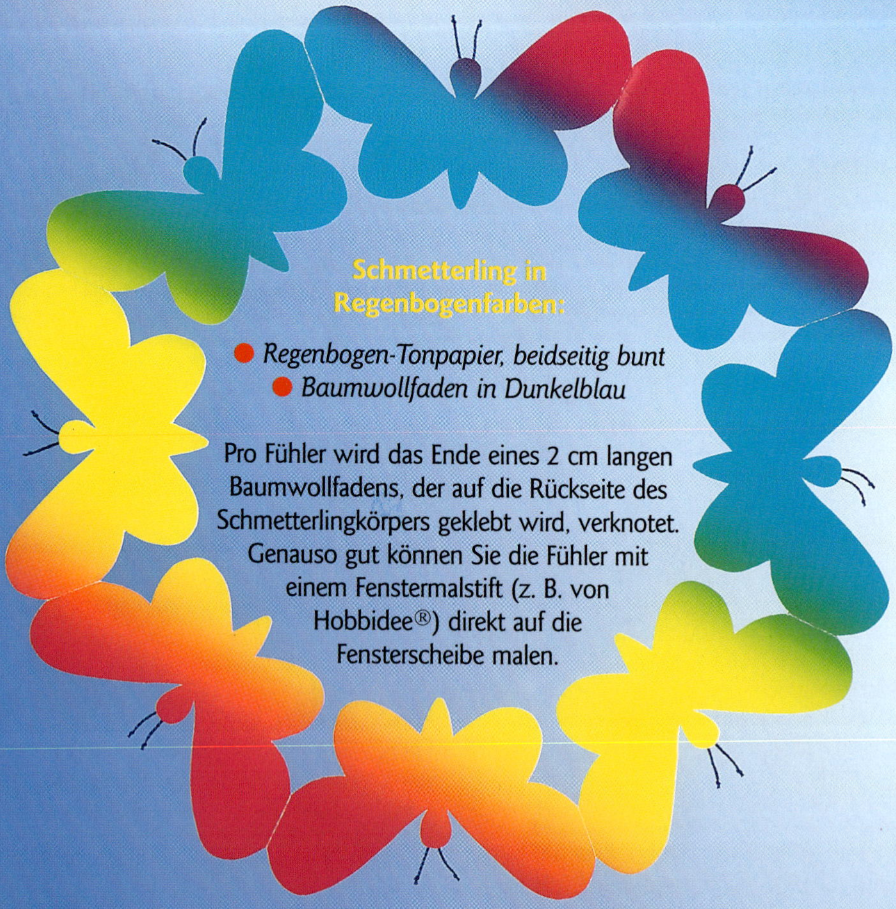

Schmetterling in Regenbogenfarben:

- *Regenbogen-Tonpapier, beidseitig bunt*
- *Baumwollfaden in Dunkelblau*

Pro Fühler wird das Ende eines 2 cm langen Baumwollfadens, der auf die Rückseite des Schmetterlingkörpers geklebt wird, verknotet. Genauso gut können Sie die Fühler mit einem Fenstermalstift (z. B. von Hobbidee®) direkt auf die Fensterscheibe malen.

Herzchen für dich

- *Vario-Tonpapier in Rot oder Orange mit Herzchendruck*
- *Tonpapier in Rot*

Ø des Grundkreises der großen Kränze: 28 cm

Ø des Grundkreises des kleinen Kranzes: 23 cm

Die Erdbeeren sind reif!

- *Tonpapier in Rot und Grün*
- *Relieffarbe in Gelb*

Ø des Grundkreises: 35 cm

Kleben Sie die Stiele auf und tupfen Sie mit der Relieffarbe gelbe Punkte auf.

Margeritenkranz

- *Tonpapier in Weiß und Grün*
- *Moon Rock-Papier in Gelb*

Fixieren Sie als Blütenmitten je einen Kreis aus Moon Rock-Papier.
Das Margeritenkränzchen wird so auf den Blätterkranz geklebt, dass sich immer eine Blüte zwischen zwei Blättern befindet.

Blütenkränzchen

Kleine Kränzchen
(linkes Foto):

- *Tonpapier in Rot, Gelb und Blau*

Kranz in Blau-Weiß (rechtes Foto):

- *Vario-Tonpapier in Blau mit kleinen weißen Punkten*
- *Satinband in Weiß, 0,4 cm breit, ca. 64 cm lang*
- *11 Holzperlen in Blau, Ø 0,7 cm*

Ø des Grundkreises der kleinen Kränzchen: 22 cm

Ø des Grundkreises der großen Kränzchen mit Perlen: 30 cm

Beim blau-weißen Kranz stanzen Sie in eine Knickstelle mit der Lochzange ein Loch und ziehen das Band (ca. 48 cm lang) hindurch. Fädeln Sie die Perlen auf und kleben Sie die Blüten auf das Band. Aus dem restlichen Band (ca. 16 cm lang) wird eine Schleife gebunden, die auf das ausgestanzte Loch geklebt wird.

Eine aufgeklebte Schleife (Band ca. 16 cm lang) verschließt das Loch.

Fixieren Sie bei allen Blütenkränzchen in der Mitte jeder Blüte einen Tonpapierkreis in der entsprechenden Farbe. Bei den Kränzen aus Vario-Tonpapier wird die Rückseite des Papiers, das weiß mit roten bzw. blauen kleinen Punkten ist, für die Blütenmitte verwendet. Je nach Geschmack können Sie die Kränzchen mit Bändern und Perlen ausschmücken.

Kranz in Rot-Weiß

- *Vario-Tonpapier in Rot mit kleinen weißen Punkten*
- *Satinband in Rot, 0,4 cm breit, ca. 50 cm lang*
- *4 rote Perlen in Walzenform (gerillt), 1,9 cm x 0,6 cm*
- *10 Perlen in Weiß, Ø 0,8 cm*

Für den rot-weißen Blütenkranz werden zwei Satinbänder (20 cm und 14 cm lang) durch das vorgestanzte Loch gezogen. Danach fädeln Sie die Perlen wie auf dem Foto auf.

Auf zum Froschkonzert!

- *Tonpapier in Grün, Blau, Gelb und Rot*
- *Tonkarton in Dunkelgrün und Weiß*
- *Locher*

Zeichnen Sie die Gesichter der Frösche auf. Das Weiß für die Augen wird mit einem Hybridroller aufgemalt. Die Bäckchen werden mit einem Locher aus rotem Tonpapier ausgestanzt und aufgeklebt. Jeder Frosch erhält eine zweiteilige Fliege. Der kleine Kreis wird mit dem Locher ausgestanzt. Zwei Frösche halten jeweils eine Blüte. Dazu fixieren Sie die zweiteilige Blüte auf den bereits aufgeklebten Blättern.

es Schneckengrund-
kreises: 37 cm
Ø des Grasgrund-
kreises: 39 cm

Schneckenparade

- *Tonpapier in Gelb und Grün*
- *Vario-Tonpapier in Orange mit roten Herzchen*

Alle Schnecken erhalten ihre lustigen Gesichter und die Windungen auf ihren Schneckenhäusern. Befestigen Sie einen Fühler von vorne, den anderen von hinten am Schneckenkopf. Die Schneckenhäuser werden aufgeklebt. Zuletzt fixieren Sie die Schnecken auf dem Wiesenkreis.

Seelöwen

- *Tonpapier in Hellgrau*
- *Vario-Tonpapier in verschiedenen Farben mit weißen Punkten*

Malen Sie die Augen, den Mund und das Schnäuzchen auf. Die bunten Bälle werden mal auf dem Schnäuzchen, mal auf oder zwischen den Flossen fixiert.

Clowns

- *Vario-Tonpapier in Rot mit blauen Punkten*
- *Tonkarton in Hautfarben, Gelb, Blau und Grün*
- *Markierungspunkte in Rot, Ø 0,7 cm*
- *Filzstifte in Blau und Schwarz*
- *Buntstift in Rot*

Zeichnen Sie die Trennlinie zwischen Hemd und Hose ein und malen Sie das Gesicht auf. Das Weiße für die Augen wird mit einem Hybridroller aufgemalt. Die Haare werden aufgeklebt. Für die Nase werden Markierungspunkte verwendet. Malen Sie die Bäckchen mit einem Buntstift auf.
Der Kopf wird auf den Körper und die Schuhe und die Hände werden von vorne auf die schraffierten Klebeflächen (siehe Vorlagenbogen) geklebt.

Vier stehende Clowns erhalten eine zweiteilige Fliege, wobei der gelbe Innenkreis mit einem Locher ausgestanzt wird.

Segelschiffe

- *Tonpapier in Weiß und Blau*
- *Vario-Tonpapier in Grün-Weiß gestreift und mit grün-weißen Rauten*

Legen Sie die Vorlage für die Segelschiffe und für die Wellen kantig auf die äußerste Linie der gefalteten Grundform (durchgezogene und gepunktete Linien auf dem Vorlagenbogen). Nach dem Ausschneiden werden die Wellen kantig aufgeklebt. Fixieren Sie zuletzt die bunten Segel aus Vario-Tonpapier.

Ø der Grundkreise der Segelschiffe und der Wellen: 38 cm